دَوْرةُ الماء

بِقَلَم: أليسون ميلفورد وشُعاع فاخوري

المُحْتَويات

Collins

اِكْتِشافُ دَوْرةِ الماء

ماذا عَلَيْنا أن نَشْرَبَ حَتَّى نَبْقى أَصِحّاء؟
إلامَ تَحْتاجُ النَّباتاتُ حَتَّى تَنْمو؟
الإجابةُ هي الماء.

قَدْ تَعْتَقِدُ أنَّ قَطَراتِ الماءِ قَدْ تَشَكَّلَتْ حَديثًا، وَلكنَّ هذا غَيْرُ صَحيحٍ؛ إذْ تَتِمُّ إعادةُ تَدْويرِ الماءِ في الطَّبيعةِ بِشَكْلٍ مُسْتَمِرّ. إنَّ هذه العَمَلِيّةَ تُسَمَّى «دَوْرةُ الماء».

لِدَوْرةِ الماءِ مَراحِلُ نَرى بَعْضَها بِاسْتِمْرارٍ، مِثْلُ الغُيومِ وَالمَطَر، ومَراحِلُ أُخْرى لا نَراها. في هذا الكِتابِ سَوْفَ نَتَعَرَّفُ على جَميعِ مَراحِلِ دَوْرةِ الماءِ وكَيْفِيّةِ حُدوثِها. وَسَنَتَعَرَّفُ أَيْضًا على مَدى تَأْثيرِ الماءِ على حَياتِنا ومُسْتَقْبَلِ كَوْكَبِنا.

هل تَعرِفونَ؟

الماءُ الَّذي شَرِبَتْهُ الدّيناصوراتُ، قَبْلَ مَلايينِ السِّنين، هو الماءُ نَفْسُهُ الَّذي نَسْتَخْدِمُهُ الآن!

دَوْرةُ الماء

الشَّمس

الغُيوم

التَّكاثُف

الهُطول

النَّتح

الجَرَيان

التَّبَخُّر

الهُطول

هُطولُ المَطَر

إنَّ دَوْرَةَ الماءِ تُشْبِهُ حَرَكَةَ الدّولابِ،
ليسَ لها نُقْطةُ بِدايةٍ أو نِهايةٍ مُحَدَّدة.
لِذا، سَنَبْدَأُ مِن مَرْحَلةِ هُطولِ المَطَرِ منَ السَّماءِ،
أو ما يُسَمَّى بِـمَرْحَلةِ «الهُطول».

يَحْدَثُ الهُطولُ عِنْدَما تَكْبُرُ قَطَراتُ الماءِ الَّتي تَحْمِلُها الغُيومُ؛
فَتُصْبِحُ ثَقيلةً وَتَسْقُطُ على سَطْحِ الأَرْض.

هل تَعرِفونَ؟

حَبّاتُ المَطَرِ ذاتُ شَكْلٍ بَيْضاوِيٍّ وأحْجامٍ مُخْتَلِفة.

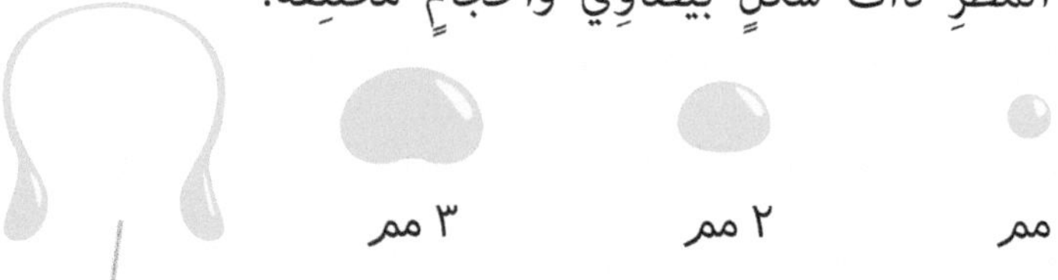

١ مم
٢ مم
٣ مم

أَشْكالُ حَبّاتِ المَطَر

بَعْضُ الحَبّاتِ الكَبيرةِ
تَكونُ بِهذا الشَّكْل.

الثُّلوج

عِنْدَما يَكونُ الجَوُّ بارِدًا، تَتَجَمَّدُ قَطَراتُ الماءِ وتَتَساقَطُ على شَكْلِ ثَلْج.
يَتَساقَطُ الثَّلْجُ في الشِّتاءِ عادةً، ولكنْ في بَعْضِ المَناطِقِ،
حَيْثُ يَكونُ الجَوُّ بارِدًا، فَإِنَّ الثَّلْجَ يَتَساقَطُ على مَدارِ
العامِ، كَما في القُطْبِ المُتَجَمِّدِ الجَنوبِيِّ مثلًا.

مَزيجٌ منَ المَطَرِ والثَّلْج

«البَرَدُ» عِبارةٌ عَن كُراتِ ماءٍ مُتَجَمِّد

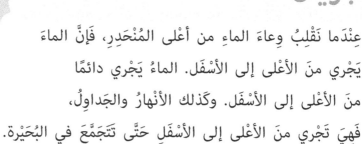

الجَرَيانُ السَّطْحِيّ

جَرَيانُ الماء

عِنْدَما نَقْلِبُ وِعاءَ الماءِ من أعْلى المُنْحَدِرِ، فَإنَّ الماءَ يَجْري منَ الأعْلى إلى الأسْفَل. الماءُ يَجْري دائمًا منَ الأعْلى إلى الأسْفَل. وكَذلك الأنْهارُ والجَداوِلُ، فَهِيَ تَجْري منَ الأعْلى إلى الأسْفَلِ حَتَّى تتَجَمَّعَ في البُحَيْرة.

هذه المَرْحَلةُ من دَوْرةِ الماءِ تُسَمَّى «الجَرَيانُ السَّطْحِيّ». ويَجْري الماءُ بِاتِّجاهِ البُحَيْراتِ وَالجَداوِلِ أوِ الأنْهارِ الَّتي تَصُبُّ في المُحيطات.

الجَرَيانُ السَّطْحِيّ
هُطولُ المَطَر
بُحَيْرة
جَرَيانُ الماء
جَدْوَل
نَهْر
مُحيط

جَرَيانُ الثَّلْج

الثَّلْجُ المُتَساقِطُ على قِمَمِ الجِبالِ والمَناطِقِ البارِدةِ يَبْدَأُ بِالذَّوَبانِ خِلالَ فَصْلِ الرَّبيعِ بِفِعْلِ الهَواءِ الدّافِئ. وسُرْعانَ ما يَجْري الماءُ الذّائبُ لِيَصُبَّ في الأنْهارِ والجَداول.

هل تَعرِفونَ؟

إنَّ زِيادةَ كَمِّيّةِ الماءِ الذّائبِ والماءِ الجاري تُؤدّي إلى فَيَضاناتٍ كَبيرة.

الماءُ تَحتَ سَطْحِ الأرْض

المِياهُ الجَوْفِيّة

الماءُ مَوْجودٌ في كُلِّ مَكانٍ، حَتَّى تَحتَ أقْدامِنا!

عِنْدَ سُقوطِ الأمْطارِ، يَبْدَأُ الماءُ بِالجَرَيانِ على سَطْحِ الأرْض.

يَخْتَرِقُ بَعْضُهُ السَّطْحَ، من خِلالِ الأَتْربَةِ، إلى جَوْفِ الأرْض.

تَجْرِبَةُ جَمْعِ المِياهِ الجَوْفِيّة

هذه التَّجْرِبَةُ تُوَضِّحُ كَيْفِيّةَ تَجميعِ المِياهِ الجَوْفِيّة.

فُوطةُ
مَطبَخ
ماء
فِنْجان
ماء

- غَطِّ فِنْجانًا بِاسْتِخْدامِ فُوطةِ مَطبَخ.
- أُسْكُبِ الماءَ على الفُوطةِ بِبُطْء.
- بَعْضُ الماءِ سَيَبْقى على الفُوطة.
- الماءُ المُتَبَقّي سَوْفَ يَخْتَرِقُ الفُوطةَ إلى قاعِ الفِنْجان.

في جَوْفِ الأرْضِ أنْهارٌ وبُحَيْرات.

بَعْضُ المِياهِ الجَوْفِيّةِ تَجْري في قَـنَواتٍ تَحتَ الأرْضِ، ثُمَّ تَنْضَمُّ إلى الأنْهارِ والمُحيطاتِ فَوْقَ سَطْحِ الأرْض.

تَمَّ حَفْرُ هذه البِئرِ لِتَسْهيلِ الوُصولِ إلى المِياهِ العَذْبَةِ المَوْجودةِ في باطِنِ الأرْض.

الآبارُ الجَوْفِيّة

مُعْظَمُ المِياهِ العَذْبَةِ في العالَمِ مَخْزونةٌ تَحتَ الأرْض. هذا يَحْدُثُ عِنْدَما تَمُرُّ المِياهُ عَبْرَ الشُّقوقِ المَوْجودةِ بَيْنَ الصُّخور. تُسَمّى هذه المَخازِنُ بِـ«الآبارُ الجَوْفِيّة».

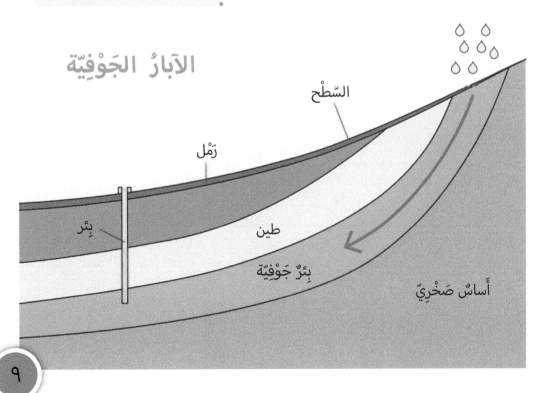

الآبارُ الجَوْفِيّة
السّطْح
رَمْل
بِئر
طين
بِئرٌ جَوْفِيّة
أَساسٌ صَخْرِيّ

مَصارِفُ المِياهِ السَّطْحِيّة

خِلالَ العَواصِفِ المَطَرِيّةِ، تَسْقُطُ مِياهُ الأمْطارِ على الطُّرُقِ، لكنَّ هذه الطُّرُقَ نادِرًا ما تَفيضُ بِالماءِ بِفَضْلِ الفُتْحاتِ المُرَبَّعةِ المَوْجودةِ على جانِبِ الطَّريق. هذه الفُتْحاتُ تُسَمَّى «مَصارِفُ الماءِ السَّطْحِيّة».

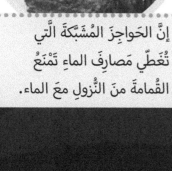

إنَّ الحَواجِزَ المُشَبَّكَةَ الَّتي تُغَطّي مَصارِفَ الماءِ تَمْنَعُ القُمامةَ منَ النُّزولِ معَ الماء.

تَبْدَأُ المِياهُ بِالجَرَيانِ وَالتَّدَفُّقِ عَبْرَ قَـنَواتِ مَصارِفِ الماءِ المَوْجودةِ تَحتَ سَطْحِ الأَرْض.

تَسْتَمِرُّ مِياهُ الأَمْطارِ بِالتَّدَفُّقِ عَبْرَ هذه القَنَواتِ حَتَّى تَصُبَّ في نَهْرٍ أو قَناةِ ماءٍ أو في البَحْر.

هذانِ الشَّخْصانِ يَتَـفَقَّدانِ قَنَواتِ مَصارِفِ الماءِ السَّطْحِيّة. إنَّ النُّزولَ إلى المَصارِفِ، بَعْدَ العَواصِفِ المَطَرِيَّـةِ مُباشَرةً، خَطيرٌ جِدًّا لِأَنَّ هذه القَنَواتِ تَـكونُ مَليئةً بِالماءِ الجاري.

التَّبَخُّر

بَعْدَ تَوَقُّفِ الأمْطارِ تَـكونُ الأسْطُحُ مُبَلَّلَةً بِالماءِ، وَبَعْدَ مُرورِ وَقْتٍ قَصيرٍ تَخْتَفي.
أينَ تَخْتَفي المِياه؟

الإجابةُ هي: الشَّمس. يَسْخُنُ الماءُ بِفِعْلِ حَرارةِ أَشِعّةِ الشَّمسِ، فَيَتَحَوَّلُ إلى بُخارٍ، أَيْ إلى غازٍ، ثُمَّ يَرْتَفِعُ هذا البُخارُ إلى الأعْلى. هذه المَرْحَلةُ تُسَمَّى «التَّبَخُّر».

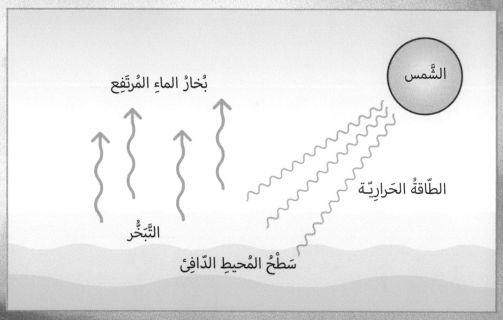

الشَّمس
بُخارُ الماءِ المُرتَفِع
الطّاقةُ الحَرارِيّـة
التَّبَخُّر
سَطْحُ المُحيطِ الدّافِئ

سُرْعةُ التَّبَخُّر

يَتَبَخَّرُ الماءُ بِسُرْعاتٍ مُخْتَلِفة.

جَرِّبِ اخْتِبارَ التَّبَخُّرِ الآتي:

- قُمْ بِنَقْعِ قِطْعَتَي قُماشٍ مُتَماثِلَتَيْنِ بِالماء.
- ضَعْ واحِدَةً في مَكانٍ بارِد.
- ضَعِ الثّانِيَةَ في مَكانٍ دافِئ.

أيُّ القِطْعَتَيْنِ يَتَبَخَّرُ ماؤُها أسْرَع؟

الجوابُ: القِطْعَةُ الّتي وُضِعَتْ في المَكانِ الدّافِئ.

إنَّ الهَواءَ الدّافِئَ يُساعِدُ الماءَ على التَّبَخُّرِ بِسُرْعة.

هل تَعرِفونَ؟

بُخارُ الماءِ يَقْطَعُ آلافَ الكيلومِتراتِ في الهَواء.

النَّتْح

مُعْظَمُ النَّباتاتِ تَحْتاجُ إلى الماءِ حَتَّى تَنْمُوَ.
وتُمَثِّلُ هذه النَّباتاتُ دَوْرًا مُهِمًّا في دَوْرَةِ الماء.

عِنْدَما تَرْتَفِعُ دَرَجةُ الحَرارةِ فَإِنَّ الإنْسانَ يَعْرَقُ،
أمّا النَّباتاتُ فَهِيَ تَرْشَحُ الماء.

١ المِياهُ الجَوْفِيّةُ أوِ المِياهُ الجارِية

٢ يَنْتَقِلُ الماءُ عَبْرَ الجُذورِ والسّاقِ لِيَصِلَ إلى الأَوْراق.

٣ الفُتْحاتُ الصَّغيرةُ المَوْجودةُ على سَطْحِ النَّباتاتِ، أو ما يُسَمَّى بِالثُّغورِ، تَسْمَحُ لِلنَّباتِ بِالتَّنَفُّسِ وإخْراجِ قَطَراتِ ماءٍ صَغيرةٍ لا يُمْكِنُ رُؤْيَتُها.

٤ تتَبَخَّرُ هذه القَطَراتُ وتَعودُ إلى الهَواء.

تُسَمَّى هذه العَمَلِيّةُ بِعَمَلِيّةِ «النّتْح».

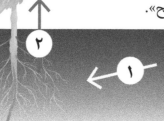

عَمَلِيّةُ النَّتْحِ عِنْدَ النَّباتات

لَوْ أنَّكَ وَضَعْتَ كيسًا بلاسْتيكِيًّا شَفّافًا فَوْقَ نَبْتةٍ ما، ثُمَّ وَضَعْتَهُ في مَكانٍ دافِئٍ، لَكُنْتَ لاحَظْتَ وُجودَ قَطَراتٍ منَ الماءِ داخِلَ الكيس.

هذه القَطَراتُ نَتَجَتْ مِنْ عَمَلِيّةِ النَّتْحِ، إذْ تَرْشَحُ النَّباتاتُ الماءَ إلى الخارِج.

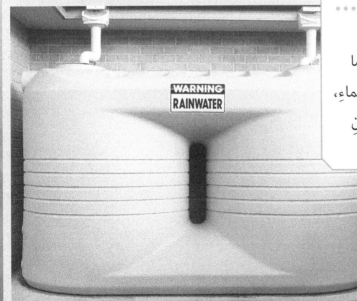

التَّكاثُف

عِنْدَما يَكونُ الجَوُّ بارِدًا في الخارِجِ ودافِئًا في الدّاخِلِ، نُلاحِظُ قَطَراتِ ماءٍ مَوْجودةً على السَّطْحِ الدّاخِلِيِّ لِلشُّبّاك.

تَتَكَوَّنُ هذه القَطَراتُ نَتيجةَ تَكاثُفِ بُخارِ الماءِ الَّذي تَكَوَّنَ، بِفِعْلِ الهَواءِ الدّافِئِ، على سَطْحِ الشُّبّاكِ البارِد.

أمّا بِالنِّسْبةِ إلى دَوْرةِ الماءِ، فَكُلَّما ارْتَفَعَ بُخارُ الماءِ أكْثَرَ كانَتْ دَرَجاتُ الحَرارةِ أَبْرَدَ، وبِالتّالي، تَحَوَّلَ بُخارُ الماءِ إلى سائلٍ مَرّةً أُخْرى. هذه العَمَلِيّةُ تُسَمّى «تَكاثُفُ الماء».

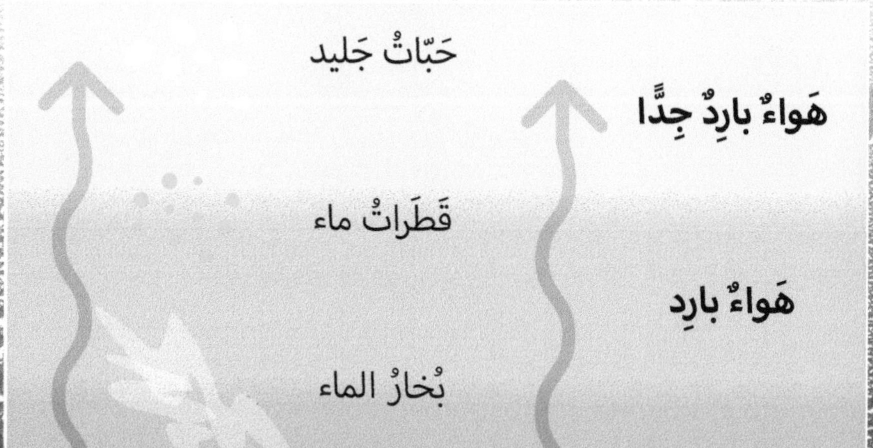

حَبّاتُ جَليد
هَواءٌ بارِدٌ جِدًّا
قَطَراتُ ماء
هَواءٌ بارِد
بُخارُ الماء
هَواءٌ دافِئ

النَّدى

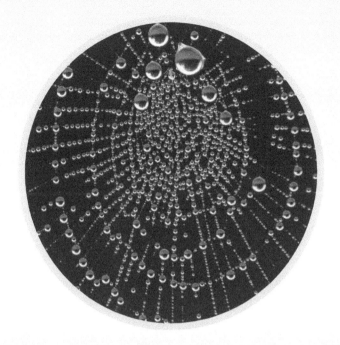

في الصَّباحِ الباكِرِ، تتَكَوَّنُ قَطَراتُ الماءِ على العُشْبِ والأسْطُحِ الرَّقيقةِ كَبَيْتِ العَنْكَبوت. هذه القَطَراتُ تُسَمَّى «النَّدى».

تَتَكَوَّنُ قَطَراتُ النَّدى في اللَّيْلِ عِنْدَما يَخْرُجُ بُخارُ الماءِ مِنَ الأتْرِبةِ، وَيُلامِسُ الأسْطُحَ البارِدةَ، فَيَتَكاثَفُ عَلَيْها ويَتَحَوَّلُ إلى قَطَراتِ ماء.

الصَّقيعُ عِبارةٌ عَنْ قَطَراتِ نَدًى مُتَجَمِّدة.

الغُيوم

الغُيومُ عِبارةٌ عَنْ تَجَمُّعٍ لِلْمَلايينِ مِنْ قَطَراتِ الماءِ المُتَكاثِفة.
كُلَّما قَطَعَتِ الغُيومُ مَسافةً أطوَلَ أَصْبَحَتْ أكبَرَ وأثقَلَ وَزْنًا،
وسَقَطَتْ حَبّاتُ المَطَرِ على سَطْحِ الأرْضِ مَرّةً أُخْرى.
تَخْتَفي الغَيْمةُ عِنْدَما تَسْقُطُ جَميعُ حَبّاتِ المَطَرِ
المَوْجودةِ فيها، ثُمَّ تَبْدَأُ دَوْرةُ الماءِ مَرّةً أُخْرى.

إنَّ الغُيومَ الَّتي تَحمِلُ الأمْطارَ تَحْتَوي على عَدَدٍ كَبيرٍ جِدًّا مِنَ القَطَراتِ الَّتي تَمْنَعُ الضَّوْءَ مِنَ النَّفاذِ مِنْ خِلالِها، فَتَبْدُو لَنا غامِقةَ اللَّون.

تَسْقُطُ الأَمْطارُ الغَزيرةُ مِن هذه الغَيْمة.

مُراقَبةُ الغُيوم

اسْتَخْدِمِ الجَدْوَلَ الآتِيَ لِلتَّعَرُّفِ على أَنْواعِ الغُيومِ المُخْتَلِفة.

الغُيومُ الرَّقيقةُ المُرْتَفِعة		• ناعِمةٌ، بَيْضاءُ • تتَحَرَّكُ بِسُرْعةٍ مَعَ الرِّياح
الغُيومُ الطِّباقِيّةُ المُرْتَفِعة		• تُغَطّي السَّماء • لَوْنُها رَمادِيٌّ أو أَزْرَق
الغُيومُ الرُّكامِيّةُ الطِّباقِيّة		• تُغَطّي السَّماء • لَوْنُها يَميلُ إلى اللَّوْنِ الرَّمادِيّ
الغُيومُ الرُّكامِيّةُ المُنْخَفِضة		• بَيْضاءُ وَمَنْفوخةٌ • قاعِدَتُها مُسْتَوِيةٌ ورَأْسُها مُرْتَفِع

أينَ يَنْزِلُ المَطَر؟

يَكْثُرُ المَطَرُ في الأماكِنِ القَريبةِ مِنْ مُسَطَّحاتِ المِياهِ الكَبيرةِ، مِثْلِ المُحيطاتِ والأنْهارِ والبُحَيْراتِ، حَيْثُ يَتَكاثَفُ بُخارُ الماءِ وَتتكَوَّنُ الغُيومُ بِكَثْرة.

أمّا في الأماكِنِ الجافَّةِ، مِثْلِ الصَّحْراءِ، فَيَندُرُ المَطَرُ بِسَبَبِ قِلّةِ تَوَفُّرِ الماءِ، وبِالتّالي، فَإنَّ كَمِّيّةَ بُخارِ الماءِ المُتَكَوِّنة غَيْرُ كافِيةٍ حَتّى تَتَكاثَفَ وَتَتحَوَّلَ إلى غُيوم.

الاسْتِمْطار

هل فَكَّرْتَ يَوْمًا فيما إذا كانَ بِالإمْكانِ صِناعةُ الغُيومِ الماطِرة؟

إنَّ صِناعةَ المَطَرِ، أو ما يُسَمَّى بِـ«الاسْتِمْطار»، حَقيقةٌ عِلْمِيّةٌ مُجَرَّبة.

قامَتْ بَعْضُ الدُّوَلِ الَّتي تُعاني من شُحِّ الأمْطارِ، مِثْلُ دَوْلةِ الإماراتِ العَرَبِيّةِ المُتَّحِدةِ، بِمُحاوَلاتٍ ناجِحةٍ في تَكْوينِ الغُيومِ الماطِرةِ، والَّتي نَتَجَ مِنها حُدوثُ المَطَرِ بِالفِعْل.

تَبْدَأُ عَمَلِيّةُ الاسْتِمْطارِ بِرَشِّ الغُيومِ بِرَذاذِ مادّةٍ سائلةٍ شَديدةِ البُرودة.
تَبْدَأُ قَطَراتُ الماءِ بِالتَّكاثُفِ حَوْلَ الرَّذاذِ البارِدِ إلى أنْ تُصْبِحَ القَطَراتُ ثَقيلةً فَتَسْقُطَ على شَكْلِ أمْطار.

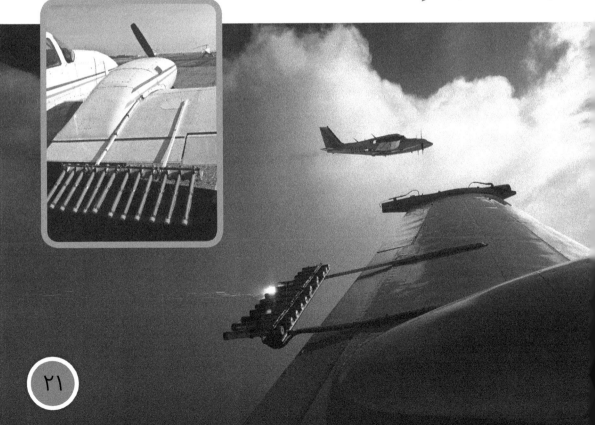

النَّشْرةُ الجَوِّيّـة

حاوَلَ الإنْسانُ دائمًا أن يَتَنَبَّأَ بِهُطولِ المَطَر. في الماضي، كانَ النّاسُ يُراقِبونَ الغُيومَ وبَعْضَ العَلاماتِ الأُخْرى حَتَّى يَعْرِفوا فيما إذا كانَتْ سَتُمْطِرُ أمْ لا.

أمّا في الوَقتِ الحاليّ، فإنَّ خُبَراءَ الأرْصادِ الجَوِّيّةِ يَسْتَخْدِمونَ الجَداوِلَ وأَجْهِزَةَ الحاسوبِ وأَجْهِزَةً أُخْرى لِكَيْ تُساعِدَهُمْ في تَـنَبُّؤِ زَمَنِ المَطَرِ ومَكانِه.

هناك عاصِفةٌ تَقْتَرِبُ منَ المَمْلَكةِ المُتَّحِدة. هذه الغُيومُ تَحْمِلُ الأمْطارَ؛ لِذا، فَإنَّـهُ منَ المُتَوَقَّعِ أنْ تُمْطِر.
يَقومُ هذا القَمَرُ الصِّناعِيُّ بِالدَّوَرانِ حَوْلَ الأرْضِ بِهَدَفِ جَمْعِ المَعْلوماتِ عنِ الغُيوم.

رادارُ «دوبْلَر»

يَسْتَخْدِمُ خُبَراءُ الرَّصْدِ الجَوِيِّ الرّاداراتِ لِدِراسةِ الحالةِ الجَوِّيّةِ والتَّنَبُّؤ.

يَسْتَخْدِمُ الرّادارُ الجَوِّيُّ أَمْواجَ الرّادْيو لِرَصْدِ أماكِنِ هُطولِ المَطَرِ وَغَزارَتِه.

تُوَضِّحُ الصّورةُ التّالِيةُ شَكْلَ قِراءاتِ الرّادار.

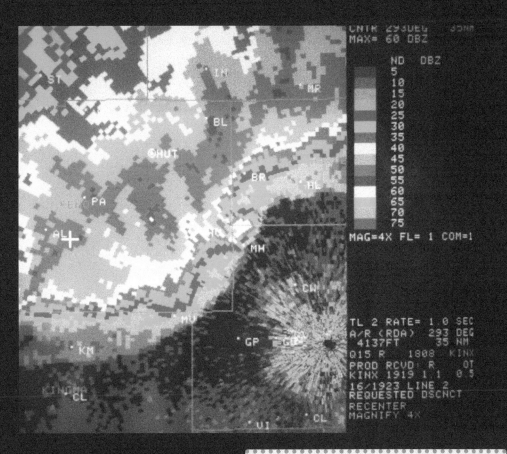

هذه القِراءاتُ تُقَدِّمُ مَعْلوماتٍ عَنْ كَمِّيَّةِ الماءِ المُتَوَقَّعِ هُطولُها. تُشيرُ المَناطِقُ الحَمْراءُ إلى وُجودِ كَمِّيّاتٍ كَثيرةٍ منَ الأَمْطار.

الطَّبيعةُ تَحْتاجُ الماء

إنَّ الغاباتِ المَطيرةَ عُنْصُرٌ مُهِمٌّ جِدًّا في دَوْرةِ الماء.

الغاباتُ المَطيرةُ عِبارةٌ عَنْ غاباتٍ فيها أشْجارٌ طَويلةٌ تَنْمو تَحْتَها نَباتاتٌ أُخْرى أصغَرُ مِنْها. تَحْتاجُ هذه الأشْجارُ والنَّباتاتُ المُتَنَوِّعةُ إلى دَرَجاتِ حَرارةٍ عالِيَةٍ وأمْطارٍ غَزيرةٍ حَتّى تَنْمُوَ.

توجَدُ الغاباتُ المَطيرةُ في أمْريكا الجَنوبِيّةِ، وأمْريكا الوُسْطى، وأُسْتُراليا، وآسْيا، وأجْزاءٍ مِن أَفْريقِيا. إنَّ غابةَ الأمازونِ في أمْريكا الجَنوبِيّةِ أكبَرُ غابةٍ مَطيرةٍ في العالَم.

مَناطِقُ الغاباتِ المَطيرة

هل تَعرِفونَ؟

الغاباتُ المَطيرةُ تُنْتِجُ ٣٠٪ منَ الماءِ العَذْبِ على الأرْض.

دَوْرةُ الماءِ في الغاباتِ المَطيرة

إنَّ أشْجارَ الغاباتِ المَطيرةِ تَرْشَحُ الكَثيرَ مِنْ بُخارِ الماءِ خِلالَ عَمَلِيّةِ النَّتْح. عِنْدَما تَرْتَفِعُ دَرَجةُ حَرارةِ الهَواءِ نَشْعُرُ وكَأنَّ الهَواءَ ثَقيلٌ، وذلك لِوُجودِ كَمِّيّةِ البُخارِ الكَبيرةِ في الهَواء. إنَّ نِسْبةَ بُخارِ الماءِ في الهَواءِ تُسَمّى «الرُّطوبة».

أَمْطارٌ يَوْمِيّةٌ
تَصاعُدِيّةٌ غَزيرَة
الماءُ
يَتَبَخَّرُ
الأشْجارُ تَعْتَرِضُ
هُطولَ مِياهِ الأمْطار
الأشْجارُ
تَمْتَصُّ الماء
بَعْضُ مِياهِ الأمْطارِ
يَصِلُ إلى أرْضِ الغابة

ماءُ الشُّرْب

حَتَّى تَحْصُلَ على كوبٍ منَ الماءِ، كُلُّ ما عَلَيْكَ فِعْلَهُ هو أن تُديرَ صُنْبورَ الماء.

تَعْمَلُ حُكوماتُ بَعْضِ الدُّوَلِ على إيجادِ بَدائِلَ لِمَصادِرِ المِياهِ العَذْبَةِ الطَّبيعِيَّةِ، وذلك بِسَبَبِ شُحِّ الأَمْطارِ وعَدَمِ تَوَفُّرِ المِياهِ الجَوْفِيَّةِ بِكَمِّيّاتٍ تَكْفي حاجَةَ السُّكّان.

يَتَزايَدُ الطَّلَبُ على الماءِ العَذْبِ مَعَ تَزايُدِ السُّكّانِ في دَوْلَةِ الإماراتِ العَرَبِيَّةِ المُتَّحِدة. بَدَأَتْ حُكومةُ دَوْلَةِ الإماراتِ بِتَطْويرِ مَحَطّاتٍ لِتَحْلِيَةِ ماءِ البَحْرِ مُنْذُ بِضْعِ سَنَواتٍ، وذلك لِتَوْفيرِ كَمِّيّاتِ الماءِ المَطْلوبة. وتَنْوي دَوْلَةُ الإماراتِ بِناءَ أكْبَرِ مَحَطَّةٍ صَديقةٍ لِلْبيئةِ في إمارةِ رَأْسِ الخَيْمَة.

مَحَطَّةٌ لِتَحْلِيَةِ ماءِ البَحْرِ في الإماراتِ العَرَبِيَّةِ المُتَّحِدة

تَعْتَمِدُ عَمَلِيّةُ التَّحْلِيَةِ على التَّقْطيرِ، إذْ يَتِمُّ تَسْخينُ الماءِ لِدَرَجةِ الغَلَيانِ وَتَحْويلُهُ إلى بُخارٍ بِهَدَفِ فَصْلِهِ عنِ الأمْلاحِ والمَعادِنِ الذّائبةِ فيهِ.
ثُمَّ يَتِمُّ جَمْعُ البُخارِ لِيَتَكاثَفَ ويَعودَ إلى الحالةِ السّائلةِ ولكنْ بِدونِ الأمْلاحِ.

يَتِمُّ جَمْعُ الماءِ النّاتجِ، ثُمَّ يَتِمُّ تَقْطيرُهُ مَرّاتٍ مُتَعَدِّدَةً، حَتّى نَحْصُلَ، في النِّهايَةِ، على ماءٍ عَذْبٍ صالحٍ لِلاسْتِهْلاكِ وَرَيِّ المَحاصيل.

لَقَدْ نَجَحَ العُلَماءُ بِاسْتِخْدامِ الطّاقةِ الشَّمْسِيّةِ لِتَحْلِيَةِ ماءِ البَحْرِ؛ إذْ يَتِمُّ تَسْخينُ الماءِ بِالطّاقةِ الشَّمْسِيّةِ، ومِنْ ثُمَّ يَتِمُّ تكاثُفُ البُخارِ وَتَحَوُّلُهُ إلى ماءٍ عَذْب.

كَيْفَ تَتِمُّ تَحْلِيَةُ ماءِ البَحْرِ بِالطّاقةِ الشَّمْسِيّةِ؟

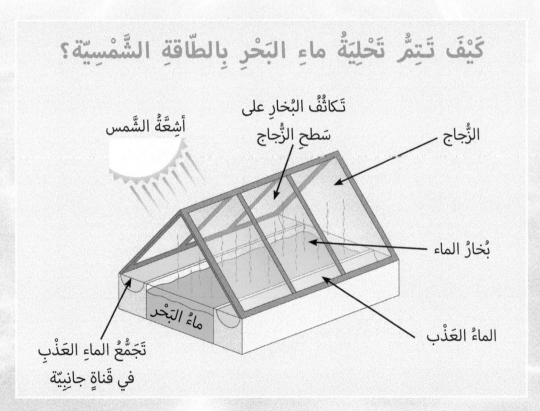

تَكاثُفُ البُخارِ على سَطحِ الزُّجاج
أشِعَّةُ الشَّمس
الزُّجاج
بُخارُ الماء
ماءُ البَحْر
الماءُ العَذْب
تَجَمُّعُ الماءِ العَذْبِ في قَناةٍ جانِبِيّة

ماءُ الشُّرْبِ النَّظيف

لا يَحْظى الجَميعُ بِماءٍ نَظيفٍ صالحٍ لِلشُّرْب. في بَعْضِ البُلْدانِ، في أَفْريقيا وآسْيا وجَنوبِ أمْريكا، الماءُ غَيْرُ الصّالحِ لِلشُّرْبِ، الَّذي يَحْتَوي على بَكْتيرْيا ضارّةٍ، يُسَبِّبُ مَرَضَ العَديدِ منَ النّاسِ أو وَفاتَهُم.

هل تَعرِفونَ؟

يوجَدُ حَوالَيْ ٧٥٠ مِلْيونَ شَخْصٍ في العالَمِ لا يَحْصُلونَ على ماءٍ صالحٍ لِلشُّرْبِ.

الماءُ المُلَوَّثُ قَدْ يُسَبِّبُ المَرَضَ لِهذا الطِّفْل.

هناك العَديدُ منَ المَشاريعِ والاختِراعاتِ الّتي تُساعِدُ آلافَ الأَشْخاصِ في الحُصولِ على ماءٍ صالحٍ لِلشُّرْب.

بَعْضُ القُرى تَسْتَخْدِمُ الآبارَ الجَوْفيّةَ المَبْنيّةَ بِإحْكامٍ لِاسْتِخْراجِ الماءِ النَّظيفِ مِنْ باطِنِ الأرْض.

النِّساءُ والأطْفالُ يَحْصُلونَ على ماءٍ صالِحٍ لِلشُّرْبِ مِنْ هذه البِئْرِ الجَوْفِيّة.

هذه القارورةُ عِبارةٌ عَنْ مُرَشِّحٍ لِلماءِ؛ إذْ يَتِمُّ ضَخُّ الماءِ عَبْرَ المُرَشِّحِ لِلتَّخَلُّصِ منَ الأوْساخِ والبَكْتيريا. وهكَذا، يُمْكِنُ الحُصولُ على ماءٍ نَظيفٍ صالحٍ لِلشُّرْب.

كَيفَ نَسْتَخْدِمُ الماءَ؟

يُمَثِّلُ الماءُ دَوْرًا رَئيسًا في حَياتِنا؛ إذ لَهُ اسْتِخْداماتٌ مُتَعَدِّدة.

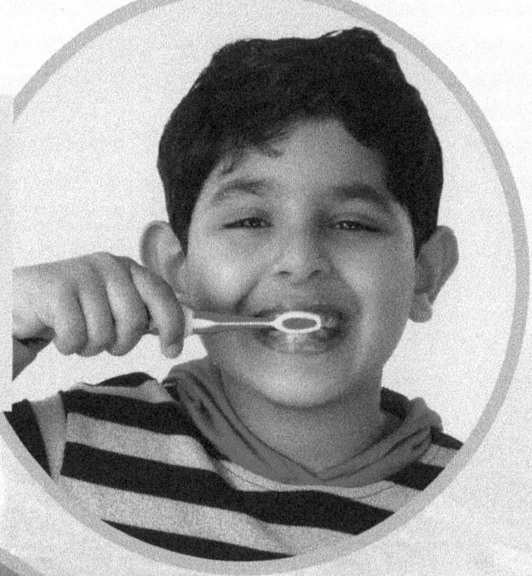

الاسْتِخْداماتُ اليَوْمِيّة

نَسْتَعْمِلُ الماءَ، يَوْمِيًّا، لِلشُّرْبِ، والطَّبْخِ، وَغَسْلِ المَلابِسِ، والاسْتِحْمامِ، وتَنْظيفِ الحَمّامِ والمَنْزِل.

الأَنْشِطَةُ التَّرْفيهِيّة

نَسْتَخْدِمُ الماءَ والجَليدَ في الرِّياضةِ والأَنْشِطةِ التَّرْفيهِيّةِ، مِثْلِ السِّباحةِ والتَّزَحْلُقِ على الجَليدِ، وفي الأَلْعابِ المائِيّةِ في مَدينةِ المَلاهي والتَّجْذيفِ والتَّزَلُّج.

نُمُوُّ الْخُضَرَواتِ وَالْفَواكِه

يُسْتَخْدَمُ الْماءُ لِكَيْ يُساعِدَ الْخُضَرَواتِ وَالْفَواكِهَ عَلى النُّمُوِّ.

أَمْنُ الْحَرائِقِ

يَسْتَخْدِمُ رِجالُ الْإِطْفاءِ الْماءَ لِإِخْمادِ الْحَرائِقِ وَمَنْعِ انْتِشارِها.

الِاسْتِخْداماتُ الصِّناعِيّة

يُسْتَخْدَمُ بُخارُ الْماءِ لِتَشْغيلِ الْآلاتِ، وَيُسْتَخْدَمُ الْماءُ الْبارِدُ لِتَبْريدِ الْأَجْزاءِ الَّتي تَرْتَفِعُ حَرارَتُها.

تَوْليدُ الطّاقة

يُسْتَخْدَمُ الْماءُ لِتَوْليدِ الطّاقةِ الْكَهْرُبائِيّةِ أَوْ ما يُسَمّى بِـ«الطّاقة ٤٥».

تَـأْثيرُ الإنْسانِ على دَوْرَةِ الماء

تَزايدَ الطَّلَبُ على الماءِ، في السَّنَواتِ الخَمْسينَ الأخيرةِ، بِسَبَبِ ازْدِيادِ عَدَدِ سُكّانِ الأرْض. لَقَدْ أَدَّتْ زِيادةُ اسْتِهْلاكِ الماءِ في العالَمِ إلى اخْتِلالِ دَوْرَةِ الماء.

السُّدود

لَقَدْ بُنِيَ سَدُّ «الرُّوصيرص» في السُّودانِ على نَهْرِ النّيل. شُيِّدَ هذا السَّدُّ كَغَيْرِهِ منَ السُّدودِ بِهَدَفِ تَخْزينِ الماءِ، واسْتِخْدامِهِ لِلشُّرْبِ والصِّناعةِ ورَيِّ الأَراضي الزِّراعِيّةِ وزِيادةِ عَدَدِ الأَسْماكِ النَّهْرِيّة. ومِنْ فَوائدِ السَّدِّ أيضًا تَنْظيمُ تَدَفُّقِ الماءِ وجَرَيانِهِ والسَّيْطَرَةُ على الفَيَضانات. وَيُسْتَخْدَمُ سَدُّ «الرُّوصيرص» لِإنْتاجِ الطّاقةِ الكَهْرومائيّةِ الّتي تُعَدُّ منَ الطُّرُقِ النَّظيفةِ والصَّديقةِ لِلْبيئةِ لِتَوْليدِ الكَهْرَباء.

وعلى الرَّغْمِ منَ الآثارِ الإيجابِيّةِ العَديدةِ لِلسُّدودِ، إلّا أنَّ لَها سَلْبِيّاتٍ مِثْلَ انْسِدادِ بَعْضِ مَجاري النَّهْرِ بِالطّينِ، وذلك بِسَبَبِ التَّحَكُّمِ في سُرْعةِ جَرَيانِ الماءِ فيها.

تُسْتَخْدَمُ السُّدودُ لِتَنْظيمِ تَدَفُّقِ الماءِ ولِإنْتاجِ الطّاقةِ الكَهْرومائـيّة.

تُسْتَخْدَمُ مَساحاتٌ كَبيرَةٌ جِدًّا مِنَ الأَراضي لِلزِّراعَةِ وإِنْتاجِ المَحاصيلِ الزِّراعِيّةِ، وذلك لِسَدِّ احْتِياجاتِ الأَعْدادِ المُتَزايِدةِ مِنَ السُّكّانِ. لِذلك، يَتِمُّ اسْتِخْدامُ المَلايينِ مِنْ لِتْراتِ الماءِ لِرَيِّ المَحاصيلِ الزِّراعِيّةِ. إِنَّ اسْتِخْدامَ هذه الكَمِّيّاتِ مِنَ الماءِ يُسَبِّبُ خَلَلًا في دَوْرةِ الماء.

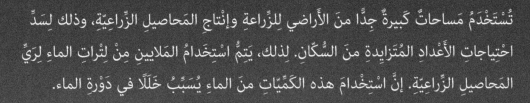

قامَ العُلَماءُ بِتَطْويرِ طَريقةٍ لِلرَّيِّ بِالتَّنْقيطِ سَعْيًا وَراءَ إيجادِ حَلٍّ لِهذه المُشْكِلة. تَعْتَمِدُ هذه الطَّريقةُ على إضافةِ الماءِ لِلتُّرْبةِ مُباشَرَةً عِنْدَ مِنْطَقةِ الجُذور. إِنَّ اسْتِخْدامَ هذه الطَّريقةِ يُساعِدُ في تَوْفيرِ نِصْفِ كَمِّيَّةِ الماءِ الَّتي تَسْتَهْلِكُها طَريقةُ الرَّشّ. يَتَكَوَّنُ هذا النِّظامُ مِنْ وَحْدةِ تَحَكُّمٍ رَئيسةٍ وَخُطوطِ أَنابيبِ التَّنْقيطِ والخَراطيم. تَحْتَوي خَراطيمُ التَّنْقيطِ عَلى ثُقوبٍ تَسْمَحُ لِلماءِ بِالخُروجِ على شَكْلِ قَطَرات.

هل تَعرِفونَ؟

نِسْبةُ الماءِ الَّتي تُسْتَخْدَمُ في رَيِّ المَحاصيلِ الزِّراعِيّةِ تُساوي ٧٠٪ مِنَ الماءِ العَذْبِ في العالَم.

إزالةُ الغابات

هناك العَديدُ منَ الغاباتِ في العالَمِ الَّتي يَتِمُّ قَطْعُ أَشْجارِها لِلاسْتِفادةِ مِنْ خَشَبِها في البِناءِ أوِ البَيْع. تُسَمَّى هذه العَمَلِيَّةُ بِإزالةِ الغابات. إنّ الغاباتِ المَطَرِيّةَ مُعَرَّضةٌ لِخَطَرِ الإزالةِ بِشَكْلٍ كَبير.

هل تَعرِفونَ؟

في الدَّقيقةِ الواحِدةِ، يَتِمُّ قَطْعُ عَدَدٍ مِنَ الأَشْجارِ حَوْلَ العالَمِ يَكفي لِتَغْطِيَةِ ٣٦ مَلْعَبَ كُرةِ قَدَم.

أَخْطارُ إِزالَةِ الغابات

إِنَّ إِزالَةَ الغاباتِ لا تُهَدِّدُ النَّباتاتِ فَحَسْب، بَلْ تُؤَثِّرُ على دَوْرَةِ الماءِ في مِنْطَقَةِ الغابةِ الَّتي تَمَّ قَطْعُ أَشْجارِها؛ فَبِغِيابِ الأَشْجارِ يُصْبِحُ الهَواءُ جافّاً بِسَبَبِ انْخِفاضِ نِسْبَةِ بُخارِ الماءِ النَّاتِجِ مِنْ عَمَلِيَّةِ النَّتْحِ، وبِالتّالي، تَجِفُّ التُّرْبَةُ فَتُصْبِحُ عُرْضَةً لِلانْجِرافِ والفَيَضانات.

تَغَيُّرُ المُناخ

مَعَ زِيادَةِ عَدَدِ سُكّانِ الأرْضِ، تَزْدادُ نِسْبَةُ تَلَوُّثِ البيئةِ بِالغازاتِ المُتَصاعِدَةِ مِنَ المَصانِعِ ووَسائلِ النَّقْلِ الَّتي تُؤَثِّرُ على المُناخ.

عِنْدَما تَصْعَدُ الغازاتُ الضّارّةُ إلى الهَواءِ فَإنَّها تُسَبِّبُ ضَرَرًا في طَبَقَةِ الغازاتِ المُحيطَةِ بِالأرْضِ لِحِمايَتِها مِنَ الأَشِعَّةِ الضّارّة. تُسَمّى هذه الطَّبَقَةُ بِطَبَقَةِ الأُوزون.

تَعْمَلُ طَبَقَةُ الأُوزونِ على التَّحَكُّمِ بِكَمِّيّةِ الحَرارَةِ الَّتي تَدْخُلُ الغِلافَ الجَوِّيّ. ولكنْ بِسَبَبِ وُجودِ مَساحاتٍ رَقيقَةٍ أو ثُقوبٍ في طَبَقَةِ الأُوزونِ فَإنَّ دَرَجَةَ حَرارَةِ الأَرْضِ تَرْتَفِعُ.

أَثَرُ مَحطّاتِ تَوْليدِ الكَهْرباءِ
ووَسائِلِ النَّقْلِ في التَّلَوُّثِ البيئيّ

ذَوَبانُ القِمَمِ الجَليدِيّةِ

مَعَ ارْتِفاعِ دَرَجةِ حَرارةِ الأرْضِ، بَدَأَتِ القِمَمُ الجَليدِيّةُ في القُطْبَيْنِ المُتَجَمِّدَيْنِ الشَّماليِّ والجَنوبِيِّ بِالذَّوَبان. هذا يَعْني زِيادةَ مَسْتَوى الماءِ في المُحيطاتِ والهَواءِ، ما يُؤَدّي إلى زِيادةٍ في تَكْوينِ الغُيومِ المَطَرِيّةِ في جَميعِ أَنْحاءِ العالَمِ، وتاليًا، إلى هُطولِ الأَمْطارِ الغَزيرةِ الَّتي تُسَبِّبُ الفَيضانات.

حالاتُ الطَّقْسِ القُصْوى

أَصْبحَ منَ الصَّعْبِ تَوَقُّعُ أَوْقاتِ سُقوطِ الأَمْطارِ وكَمِّيّاتِها، وَيَعودُ السَّبَبُ إلى ارْتِفاعِ دَرَجاتِ حَرارةِ الغِلافِ الجَوِّيّ. أَدَّتْ زِيادةُ نِسْبَةِ الرُّطوبةِ في الهَواءِ إلى زِيادةِ هُطولِ الأَمْطارِ والعَواصِفِ والفَيَضاناتِ.

اِخْتِفاءُ السُّهولِ الفَيْضِيّةِ يُمْكِنُ أنْ يُساعِدَ في حُدوثِ الفَيضاناتِ.
مِنَ الأَمْثِلةِ على السُّهولِ الفَيْضِيّةِ في الوَطَنِ العَرَبِيِّ سَهْلُ وادي الرّافِدَيْنِ بَيْنَ نَهْرَيْ دِجْلةَ والْفُراتِ.

زَعَمَ خُبَراءُ الأَرْصادِ الجَوِّيَّةِ أَنَّ مُسْتَوى هُطولِ الأَمْطارِ في المَمْلَكةِ العَرَبِيّةِ السَّعودِيَّةِ لِعامِ ٢٠١٧ قَدْ تَجاوَزَ مُعَدَّلاتِ الهُطولِ المُسَجَّلَةَ في خِلالِ المِئَةِ سَنَةٍ الماضِيَةِ؛ فَقَدْ هَطَلَتْ كَمِّيّةُ أَمْطارٍ خِلالَ أَرْبَعٍ وعِشْرينَ ساعةً تُوازي كَمِّيّةَ الهُطولِ لِثَلاثةِ أَشْهُرٍ مُتَتالِيَةٍ في الحالةِ الاعْتِيادِيّة.

إنَّ الظُّروفَ الجَوِّيّةَ الَّتي شَهِدَتْها المَمْلَكةُ العَرَبِيّةُ السَّعودِيَّةُ أَدَّتْ إلى فَيَضاناتٍ خَطيرةٍ ما اضْطَّرَ الحُكومةَ السَّعودِيَّةَ إلى تَعْطيلِ المَدارِسِ والمَكاتِبِ الحُكومِيّة.

تَـتَبُّعُ آثارِ الماء

هَلْ تَساءَلْتَ يَوْمًا عَنِ السَّبَبِ الَّذي يُثيرُ قَلَقَ العُلَماءِ مِنْ زِيادَةِ اسْتِهْلاكِ الماءِ، على الرَّغْمِ مِنْ حُدوثِ الفَيضاناتِ الكَثيرة؟ يَعودُ السَّبَبُ إلى عَدَمِ إمْكانِيَّةِ تَوْفيرِ الماءِ العَذْبِ الصّالِحِ لِلاسْتِهْلاكِ لِيُغَطِّيَ احْتِياجاتِ الأَعْدادِ المُتَزايِدةِ مِنْ سُكّانِ الأرْضِ، وكذلكَ إلى عَدَمِ تَوَفُّرِهِ عِنْدَ جَميعِ الشُّعوبِ بِالتَّساوي. تَقومُ بَعْضُ الدُّوَلِ، والمَصانِعُ الكَبيرةُ، بِاسْتِهْلاكِ الماءِ أكْثَرَ مِنَ اللّازِمِ، بَيْنَما تُعاني العَديدُ مِنَ الدُّوَلِ مِنْ تَلَوُّثِ الماءِ أو شُحِّ مَصادِرِ الماءِ العَذْبِ نَتيجةَ الجَفاف.

نَتَتَبَّعُ آثارَ الماءِ عَن طَريقِ قِياسِ العَديدِ مِنَ المَوادِّ الَّتي تَحْتَوي على ماء.

قِياسُ كَمِّيَّةِ الماء

كَأسٌ مِنْ عَصيرِ البُرتُقال = ١٩٠ لِترًا

فِنْجانٌ منَ القَهوة = ١٤٠ لِترًا

بُرتُقالةٌ واحِدة = ٥٠ لِترًا

لِترٌ واحِدٌ مِن ماءِ الصُّنْبور = ١ لِتر

تُفّاحةٌ واحِدة = ٧٠ لِترًا

كيلوغرامٌ منَ الدَّجاج = ٣,٩٠٠ لِتر

يَعْمَلُ الخُبَراءُ على حَلِّ مُشْكِلةِ اخْتِلالِ التَّوازُنِ هذه بِخُطَّةِ «تَتَبُّعِ أَثَرِ الماء».

خُطّةُ تَتبُّعِ أَثَرِ الماءِ تُساعِدُ على زِيادةِ وَعْيِ عامّةِ النّاسِ بِكَمِّيّةِ الماءِ الَّتي يَسْتَهْلِكونَها في حَياتِهِمِ اليَوْمِيّة. يُمْكِنُ اسْتِخدامُ هذه الطَّريقةِ في احتِسابِ كَمِّيّةِ الماءِ المُسْتَهْلَكِ مِنْ قِبَلِ فَرْدٍ، أو طُلّابِ فَصْلٍ، أو سُكّانِ دَوْلةٍ بِأَكْمَلِها. كَمْ تُقَدِّرُ تَتَبُّعَ أَثَرِ الماءِ الخاصِّ بِكَ؟

كَأْسٌ مِنْ عَصيرِ التُّفّاح
= ١٩٠ لِترًا

دَزّينةُ بَيْض
= ٢،٤٠٠ لِتر

لِترُ مِياهٍ مُعَبَّأة
= ٥ لِترات

كَأْسٌ منَ الشّاي
= ٣٠ لترًا

كيلوغرامٌ مِنْ لَحمِ
الغَنَم = ١٥،٥٠٠ لِتر

كيلوغرامٌ مِنْ لَحمِ
البَقَر = ١٥،٥٠٠ لتر

كيلوغرامٌ مِنْ فولِ
الصّويا = ١،٨٠٠ لِتر

كيلوغرامٌ منَ الذُّرَة
= ٩٠٠ لِتر

كيلوغرامٌ منَ القَمْح
= ١،٣٠٠ لِتر

لا تَهْدِرِ الماءَ!

إِنَّ تَتَبُّعَ أَثَرِ الماءِ وَسيلةٌ رائعةٌ تُساعِدُ على تَرْشيدِ اسْتِعْمالِ الماءِ، وَتَقْليلِ كَمِّيَّةِ استِهْلاكِهِ اليَوْمِيِّ.

يُمْكِنُ أَن نُوَفِّرَ الماءَ بِقيامِنا بِما يَلي:

- أَن نُغْلِقَ صُنْبورَ الماءِ عِنْدَما لا نَحْتاجُهُ.

- أَن نَسْتَحِمَّ «بِالدُّشِّ» بَدَلًا مِنْ أَن نَمْلَأَ حَوْضَ الاسْتِحْمامِ بِالماءِ.

- أَن نَجْمَعَ ماءَ المَطَرِ لِسَقْيِ النَّباتات.

الاهْتِمامُ بِدَوْرةِ الماء

إنَّ الماءَ مَوْجودٌ في كُلِّ مَكانٍ: في الهَواءِ، وفي جَوْفِ الأرْضِ وعلى سَطْحِها، وفي كُلِّ كائنٍ حَيّ. يَتِمُّ تَدْويرُ الماءِ بِشَكْلٍ مُسْتَمِرٍّ ودائمٍ بِفَضْلِ دَوْرةِ الماءِ الرّائعة. ولكنَّ دَوْرةَ الماءِ مُعَرَّضةٌ لِخَطَرِ فُقْدانِ تَوازُنِها نَتيجةَ مُمارَساتِ البَشَرِ وتَغَيُّرِ المُناخ.

لا يُمْكِنُ لِلحَياةِ على الأرْضِ أن تَسْتَمِرَّ بِدونِ دَوْرةِ الماءِ؛ لِذا، فَإنَّ مَسْؤولِيّةَ المُحافَظَةِ عَلَيْها لِلأَجْيالِ القادِمةِ، وعَدَمِ الإسْرافِ في اسْتِهْلاكِ الماءِ تَقَعُ على عاتِقِنا.

قائِمةُ المُفْرَداتِ

البُخار حالةُ الماءِ الغازِيّة.

بَكْتيريا مَجْموعةٌ منَ الكائناتِ الصَّغيرةِ جِدًّا الَّتي قَدْ تَنْقُلُ الأَمْراض.

تَحْلِيَةُ ماءِ البَحْر إزالةُ المِلحِ مِنْ ماءِ البَحْر.

الجَفاف نَقْصٌ في الماءِ وقِلَّةُ المَطَر.

رَذاذ رَشاش.

الرَّيّ عَمَلِيّةُ تَزْويدِ النَّباتاتِ والأَراضي الزِّراعِيّةِ بِالماء.

سَدّ بِناءٌ كَبيرٌ مَبْنِيٌّ لِحَجْزِ مِياهِ النَّهْرِ لِلتَّحَكُّمِ بِجَرَيانِهِ أو لِاسْتِخْدامِ الماءِ لِأَغْراضٍ أُخْرى.

سُهولٌ فَيْضِيّة مَساحاتٌ مَوْجودةٌ بِجانِبِ النَّهْرِ تَغْمُرُها المِياهُ خِلالَ الفَيَضانات.

قَناة مَجرًى لِلماءِ مِنْ صُنْعِ الإنْسانِ لِإيصالِ الماءِ لِلنَّباتِ، أو لِمرورِ السُّفُن.

الكَهْرومائِيّة الطّاقةُ الكَهْرَبائيّةُ الَّتي يَتِمُّ تَوْليدُها بِاسْتِخْدامِ الماءِ الجاري.

المُناخ طَبيعةُ الجَوِّ في مِنْطَقةٍ ما.

المِياهُ الطَّبيعِيّةُ غَيْرُ المالِحة.

الفِهرِس

عالَمُ الماء

الهُطول

التَّبَخُّر

مِن أينَ
يَأتي الماء؟

النَّتْح

التَّكاثُف

الغُيوم

لِماذا نَحْتاجُ الماء؟

لِصُنْعِ المَوادّ

لِلشُّرْب

لِمُساعَدةِ الطَّبيعةِ على النُّمُوّ

لِمُساعَدةِ المَحاصيلِ على النُّمُوّ

لِتَوْليدِ الطّاقة

لِإخمادِ الحَرائق

للتَّرفيه

✿ أفكار واقتراحات ✿

الأهداف:

- قراءة نصّ وثائقيّ يحتوي على مفردات متخصّصة وغير مألوفة نسبيًّا.

- قراءة جُمَل طويلة نسبيًّا.

- استخراج المعلومات وإعداد ملخّص عنها.

- استخدام قائمة المحتويات والفهرس للعثور على المعلومات.

- قراءة المزيد من الكلمات الشائعة بدون تشكيل.

روابط مع الموادّ التعليميّة ذات الصلة:

- مبادئ الوعي البيئيّ.

- مبادئ التعرّف على بعض الظواهر الطبيعيّة المتعلّقة بالمياه.

- مبادئ العلوم الجغرافيّة والكيميائيّة.

مفردات جديرة بالانتباه: الهُطول، التبخُّر، النَّتح، التكاثُف، تحلية الماء، الاستمطار

الأدوات: انترنت، لوح أبيض، ورق، أقلام رسم وتلوين

قبل القراءة:

- ماذا ترون على الغلاف الخارجيّ الأماميّ للكتاب؟ وعلى الغلاف الخارجيّ الخلفيّ؟

- هيّا نقرأ العنوان معًا. ما هي مواصفات وخصائصها؟

- ما هي معلوماتكم السابقة عن دورة الماء؟ هل تعرفون ظواهر طبيعيّة أخرى تحدث على هيئة دورة؟

- ماذا تعرفون عن تعبير "إعادة التدوير"؟

أثناء القراءة:

- انظروا إلى قائمة المحتويات. في أيّ صفحة سنجد معلومات عن تغيُّر المناخ؟

- هيّا نقرأ معًا مقدّمة الكتاب ص ٢-٣. هل الماء مهمّ للحياة على كوكبنا؟